Conoce a mi mascota

LA IGUANA

Jared Siemens

Paso 1
Ingresa a **www.openlightbox.com**

Paso 2
Ingresa este código único

AVP58385

Paso 3
¡Explora tu eBook interactivo!

Tu eBook interactivo trae...

Conoce a mi mascota

LA IGUANA

Iniciar

Comparte

AV2 es compatible para su uso en cualquier dispositivo.

Leer

Audio
Escucha todo el lobro leído en voz alta

Videos
Mira videoclips informativos

Enlaces web
Obtén más información para investigar

¡Prueba esto!
Realiza actividades y experimentos prácticos

Palabras clave
Estudia el vocabulario y realiza una actividad para combinar las palabras

Cuestionarios
Pon a prueba tus conocimientos

Presentación de imágenes
Mira las imágenes y los subtítulos

Comparte
Comparte títulos dentro de tu Sistema de Gestión de Aprendizaje (LMS) o Sistema de Circulación de Bibliotecas

Citas
Crea referencias bibliográficas siguiendo los estilos de APA, CMOS y MLA

Este título está incluido en nuestra suscripción digital de Lightbox

Suscripción en español de K–5 por 1 año
ISBN 978-1-5105-5935-6

Accede a cientos de títulos de AV2 con nuestra suscripción digital.
Regístrate para una prueba GRATUITA en **www.openlightbox.com/trial**

Se garantiza que los componentes digitales de este libro estarán activos por 5 años.

LA IGUANA

CONTENIDOS

- 4   Adoptando una iguana
- 6   Diferentes tipos de iguanas
- 8   Un hogar seguro
- 10 Los cambios de color
- 12 El baño
- 14 El movimiento
- 16 La comida
- 18 A dormir
- 20 Mi iguana mascota
- 22 Datos sobre las iguanas

Quiero tener una iguana de mascota.

Debo aprender a cuidarla.

Hay muchos colores de iguana que puedo elegir.

Las iguanas pueden tener escamas verdes, negras o marrones.

TIPOS DE IGUANAS

Chacahuala
Hasta 1,3 pies (0,4 metros) de largo

Iguana rinoceronte
Hasta 4 pies (1,2 m) de largo

Iguana de cola espinosa
Hasta 5 pies (1,5 m) de largo

Iguana verde
Hasta 6 pies (1,8 m) de largo

Mi iguana necesitará vivir en una jaula grande con luces especiales.

Ayudaré a limpiar su jaula todas las noches.

Las iguanas pueden cambiar de color si tienen mucho frío o mucho calor.

Observaré de cerca a mi iguana para ver si cambia de color.

Mi iguana necesita bañarse seguido.

Los baños la ayudan a estar sana.

CADA CUÁNTO SE BAÑAN LAS MASCOTAS

Iguanas
DÍA POR MEDIO

Hámsteres
Solo cuando están
SUCIOS

Perros
Cada
CUATRO O SEIS semanas

Cerdos vietnamitas
DOS VECES
al mes

13

A mi iguana le encanta trepar.

Me aseguraré de que tenga cosas para treparse en su jaula.

Mi iguana come mayormente vegetales de hoja verde.

Le daré de comer todos los días.

Las iguanas necesitan irse a dormir todas las noches a la misma hora.

Me aseguraré de apagar las luces de su jaula a la noche.

CRECIENDO

Al romper el cascarón
6 a 9 pulgadas (15 a 23 centímetros) de largo
Se alimenta de la yema de su huevo.
Picotea el huevo para poder salir.

Iguana de 3 meses
12 a 14 pulgadas (30 a 36 cm) de largo
Come muchos vegetales.
Crece rápido.

Iguana de 3 años
30 a 42 pulgadas (76 a 107 cm) de largo
Necesita ramas para treparse.
Puede aprender a reconocer su nombre.

Iguana adulta de 7 años
50 a 72 pulgadas (127 a 183 cm) de largo
Es menos activa que antes.
Necesita menos comida
que una iguana joven.

Estoy lista para llevar a mi iguana a casa.

La cuidaré mucho.

¡PIÉNSALO!

¿Qué otras cosas puedes hacer para que tu iguana esté contenta y sana?

DATOS SOBRE LAS IGUANAS

Estas páginas ofrecen información detallada sobre los interesantes datos de este libro. Están dirigidas a los adultos, como soporte, para que ayuden a los jóvenes lectores a redondear sus conocimientos sobre cada sorprendente animal presentado en la serie *Conoce a mi mascota*.

Páginas 4–5

Quiero tener una iguana de mascota. Las iguanas son reptiles. La iguana es uno de los reptiles mascota más comunes que tienen los hogares estadounidenses. Cada año, llega cerca de 1 millón de iguanas verdes a los Estados Unidos desde América Central y América del Sur. Tener una iguana de mascota es un gran compromiso, ya que pueden llegar a vivir más de 20 años. Antes de llevar una iguana a su casa, es importante averiguar si en su ciudad o pueblo hay algún veterinario con experiencia en el cuidado de iguanas.

Páginas 6–7

Hay muchos colores de iguana que puedo elegir. Aunque hay unas 30 especies de iguanas, la iguana común, o verde, es la que más se adopta como mascota. Las iguanas verdes no siempre son verdes. Algunas tienen escamas grises, marrones o incluso negras. El macho adulto puede llegar a pesar más de 20 libras (9 kilogramos) y medir hasta 6 pies (1,8 m) de largo. La iguana usa su cola para tener equilibrio y para defenderse. Si un depredador le atrapa la cola, puede escapar desprendiéndola de su cuerpo.

Páginas 8–9

Mi iguana necesitará vivir en una jaula con luces especiales. El hábitat de la iguana debe tener unos 6 pies (1,8 m) de alto y, por lo menos, el doble del largo de la iguana. Las iguanas son de sangre fría. Esto quiere decir que no producen calor corporal propio. En estado silvestre, las iguanas se asolean para calentarse. Por eso, la jaula de la iguana debe tener luces ultravioletas que puedan darle el calor corporal adecuado.

Páginas 10–11

Las iguanas pueden cambiar de color si tienen mucho frío o mucho calor. Los cambios en la coloración o marcas de la iguana pueden indicar cómo se siente. Cuando una iguana tiene frío, su piel se oscurece. Cuando tiene mucho calor, su piel puede aclararse, o incluso ponerse blanca, para desviar la luz del sol. Si la iguana está enojada, puede mostrar colores fuertes. Es importante aprender lo que significan los diferentes colores de las especies de iguanas para poder evitar que su mascota se enferme.

Páginas 12–13

Mi iguana necesita bañarse seguido. El baño frecuente es bueno para la piel de la iguana y puede ayudar a que su jaula esté más limpia. Las iguanas prefieren ir al baño en el agua. Por eso, los baños regulares pueden reducir el tiempo que se emplea para limpiar su excremento de la jaula. Las iguanas y otros reptiles pueden ser portadoras de una bacteria nociva llamada salmonela. Los dueños de iguanas siempre deben lavarse las manos después de tocar a sus mascotas para evitar el contagio de bacterias.

Páginas 14–15

A mi iguana le encanta trepar. En estado silvestre, las iguanas pasan la mayor parte del tiempo trepando por los árboles. Las iguanas también pueden saltar de una rama u objeto a otro. El hábitat de la iguana mascota debe tener ramas o repisas fuertes para estimular su conducta natural. Cuanto más alto están, las iguanas tienden a sentirse más seguras. Por eso, es buena idea colocar su plato de comida en un lugar alto. Los expertos sugieren ponerle al menos dos platos de agua en su recinto.

Páginas 16–17

Mi iguana come mayormente vegetales de hoja verde. Si bien las iguanas se clasifican como omnívoras, la mayoría de las iguanas adultas son completamente vegetarianas y comen hojas, frutas, vegetales y flores. Las iguanas mascota deben llevar una dieta a base de verduras ricas en vitaminas, como col, hojas de mostaza, nabo y, de vez en cuando, kale. Los dueños pueden complementarla con trocitos de fruta fresca. Las iguanas no mastican la comida, por lo que necesitan que sus dueños se las corten en pedacitos.

Páginas 18–19

Las iguanas necesitan irse a dormir todas las noches a la misma hora. Las iguanas son más activas durante el día. En estado silvestre, las iguanas viven cerca del ecuador, donde hay casi 12 horas de luz solar y 12 horas de oscuridad todo el año. En la casa, el horario de descanso debe asemejarse a su ciclo natural. Las iguanas duermen profundamente y se quedan dormidas donde estén cuando se apagan las luces. El tercer ojo de las iguanas, u ojo parietal, es básicamente una retina y una lente que tienen en la parte superior de la cabeza, que siente los cambios de luz. Esto las ayuda a regular su temperatura corporal.

Páginas 20–21

Estoy lista para llevar a mi iguana a casa. Las iguanas no pueden domesticarse como los gatos o los perros. Ellas continúan confiando en sus instintos naturales durante toda su vida. Su iguana puede tardar algunas semanas en adaptarse a su nuevo hogar y, durante ese tiempo, hay que dejarla explorar su nuevo hábitat sin molestarla. El dueño puede darle de comer con la mano para que la iguana se sienta cómoda. Es importante que un adulto supervise al niño cuando está con su iguana.

Published by Lightbox Learning Inc.
276 5th Avenue, Suite 704 #917
New York, NY 10001
Website: www.openlightbox.com

Copyright ©2026 Lightbox Learning Inc.
All rights reserved. No part of this publication may be reproduced, stored
in a retrieval system, or transmitted in any form or by any means, electronic,
mechanical, photocopying, recording, or otherwise, without the prior written
permission of the publisher.

Library of Congress Control Number: 2024947269

ISBN 979-8-8745-1321-4 (hardcover)
ISBN 979-8-8745-1323-8 (static multi-user eBook)
ISBN 979-8-8745-1325-2 (interactive multi-user eBook)

Printed in Guangzhou, China
1 2 3 4 5 6 7 8 9 0   29 28 27 26 25

102024
101724

Art Director: Terry Paulhus
Project Coordinator: Sara Cucini
English/Spanish Translation: Translation Services USA

Every reasonable effort has been made to trace ownership and to obtain
permission to reprint copyright material. The publisher would be pleased
to have any errors or omissions brought to its attention so that they may
be corrected in subsequent printings.

The publisher acknowledges Getty Images, Alamy, and Shutterstock
as the primary image suppliers for this title.